Alicia En El País de Las Maravillas

Alicia En El País de Las Maravillas

Apreciados padres y madres,

¡Bienvenidos al País de las Maravillas! Antes de nada, queremos agradecer la confianza depositada en nosotros: estamos seguros de que esta va a ser una experiencia increíble para toda la familia.

El libro que tienen en las manos no es un libro cualquiera, está pensado para vivir una aventura mágica.

En primer lugar, deseamos incentivar el interés por la lectura en los más pequeños de la casa. ¿Cómo lo logramos? Hemos diseñado una actividad innovadora en la que combinamos dos experiencias muy distintas: la lectura tradicional y el uso de las nuevas tecnologías, siendo perfectamente conscientes de que, sin la primera, la segunda no tendría sentido. A través de la realidad virtual y aumentada, sus hijos se convertirán en los protagonistas de la historia y emprenderán una aventura paralela a la del cuento; sin embargo, solo si leen el libro, capítulo a capítulo, tendrán toda la información necesaria para resolver los enigmas que se les plantean y seguir avanzando.

En segundo lugar, pretendemos que los niños se diviertan y que esta experiencia despierte su imaginación. El País de las Maravillas es el lugar idóneo para conseguirlo, ¿no les parece? La aplicación que ofrecemos les permitirá ayudar al Conejo Blanco a recuperar su reloj de arena mágico, aunque para encontrarlo, deberán participar en minijuegos y superar sorprendentes desafíos.

Solo nos queda desearles una fantástica experiencia y que disfruten de esta increíble aventura todos juntos. ¡Nos vemos en el País de las Maravillas!

PRECAUCIONES GENERALES

Para reducir el riesgo de daños personales o malestar, le recomendamos encarecidamente que siga estas instrucciones:

- El uso de realidad virtual bloquea completamente la visión de lo que está a su alrededor. Sea consciente de dónde se encuentra en todo momento y actúe con precaución para evitar lesiones involuntarias. Es una experiencia inmersiva que puede dar la impresión de sustituir a la realidad, pero recuerde que todo lo que ve en realidad virtual no es real.
- Para disfrutar de la experiencia con total seguridad, permanezca sentado cómodamente y despeje el espacio cercano a usted de objetos con los que pueda tropezar o golpearse.
- No utilice esta aplicación en espacios que impliquen riesgo de caída como balcones, cerca de puertas o ventanas abiertas, escaleras… Tampoco en situaciones que requieran prestar atención como conducir, ir en bicicleta, andar, etc.
- De ninguna manera debe usar esta aplicación cuando esté cansado o falto de sueño, bajo la influencia del alcohol o las drogas, con resaca, con problemas de digestión, en una situación de estrés emocional o de ansiedad, tampoco cuando esté resfriado, tenga la gripe, dolor de cabeza o dolor de oído, ya que puede contribuir a aumentar su malestar físico.
- Consulte con su médico sobre el uso de esta aplicación en caso de estar embarazada, tener más de 70 años, problemas de visión, o si padece algún trastorno psicológico o sufre problemas cardíacos.

Niños

Esta aplicación ha sido diseñada para niños a partir de 8 años. Recomendamos que los niños no la utilicen en modo realidad virtual más de 10 minutos seguidos, y que lo hagan siempre acompañados y supervisados por un adulto responsable. Debe saber que el tutor legal del niño es siempre el último responsable del bienestar de este y quien debe permitir y regular el acceso a esta aplicación.

Posibles efectos adversos

Algunas personas (1 de cada 4.000) pueden reaccionar con mareos, convulsiones, ataques epilépticos o pérdidas de conocimiento provocados por los flashes o patrones de luz al ver la televisión, jugar con videojuegos o experimentar con la realidad virtual, incluso si nunca han sufrido dichos efectos. Son más frecuentes en niños y jóvenes menores de 20 años. Todo usuario que haya experimentado alguno de estos efectos debería consultar al médico antes de utilizar esta aplicación en su versión de realidad virtual.

Cómo pasarlo en grande en el País de las Maravillas

1. Descarga la App gratuita

Descarga la App gratuita:
- En books2ar.com/apm/es
- Escaneando estos códigos:
- O buscando ALICIA AR en la tienda oficial de su dispositivo, Android o IOS

Normal mode

2. Enfoca la página

Utiliza la App para enfocar las páginas donde aparezca este icono:

3. Y ¡diviértete!

Disfruta de la aplicación

VR Mode (Virtual Reality)

2.

Coloca el teléfono en las gafas correctamente (asegúrate que la cámara coincide con la abertura en la tapa frontal de las gafas).

3.

Ponte las gafas y mira las páginas donde aparezca este icono:

4.

Diviértete viendo cómo las páginas cobran vida, juega a los minijuegos y descubre todas las sorpresas que esconde el libro.

Requisitos mínimos para Normal Mode y VR Mode: dispositivos Android 4.4 o superior, IOS 8 o superior.

Instrucciones de uso

- **Play.** Selecciona una de las opciones: Normal Mode o VR Mode.
- **Settings.** Selección de idiomas.
- **Stickers.** Enfoca las pegatinas que acompañan al libro y… ¿qué sucederá?
- **Map.** Enfoca el mapa para acceder directamente a los juegos desbloqueados.
- **My Passport.** Accede a los sellos de tu pasaporte mágico.

Normal Mode. Sigue las instrucciones que aparecen en la pantalla.

Realidad aumentada

Realidad virtual

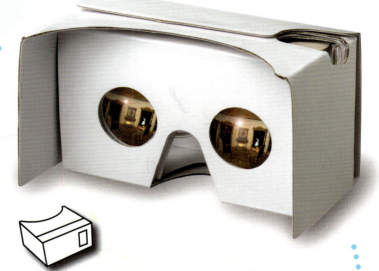

Realidad virtual

VR MODE. La pantalla se divide en dos partes para ajustarse a la visión de las gafas. Y sigue las instrucciones.

Realidad aumentada

En la madriguera del Conejo

¿Habéis oído hablar alguna vez de Alicia? ¿Conocéis su extraña aventura? Pues si sois tan curiosos e inquietos como ella os va a encantar.

Alicia empezaba ya a cansarse de permanecer sentada en el prado sin hacer nada. Echó una ojeada al libro que leía su hermana, pero tenía demasiada letra, y ni un solo dibujo.

«¿Y de qué sirve un libro sin dibujos ni diálogos?», se preguntó Alicia.

Así pues, comenzó a considerar la idea de levantarse e ir a husmear por los alrededores cuando, de repente, un **Conejo Blanco** de ojos rosados pasó corriendo por su lado.

No había nada de especial en esto,
y a Alicia tampoco le pareció
extraño oír al Conejo decir:
«¡Vaya, vaya, voy a llegar demasiado tarde!»;
pero cuando **el Conejo se sacó un reloj del bolsillo**
de su chaleco, lo miró y se alejó a toda prisa,
ella se levantó de un brinco, porque se dio cuenta de
que nunca había visto a un conejo
consultar la hora.
Y ardiendo de curiosidad,
lo persiguió campo a través,
y llegó justo a tiempo
para ver cómo
**se metía de cabeza
por una madriguera.**

Un instante después
Alicia también se precipitaba por
el agujero sin pensar cómo
se las iba a apañar
después para salir de allí.

La madriguera era recta
como un túnel,
pero de repente
hizo un giro tan brusco
hacia abajo, que
**Alicia se encontró cayendo
por lo que parecía el tobogán**
de un parque acuático.

Las paredes estaban cubiertas de armarios y estantes; aquí y allá también vio mapas y cuadros colgados. De un estante agarró un tarro cuya etiqueta decía: «MERMELADA DE NARANJA», y ya se le hacía la boca agua cuando se dio cuenta de que estaba vacío. ¡Qué chasco!

«¡En fin! –pensó Alicia–, después de una caída como esta, rodar por las escaleras no me parecerá nada del otro mundo. ¡Qué valiente me creerán todos en casa! Porque no me quejaré para nada.»

Abajo, abajo, abajo. «¿Es que nunca voy a llegar al fondo? Me pregunto cuántos kilómetros habré descendido –dijo en voz alta–. ¡Debo de estar llegando al centro de la Tierra! A ver..., me parece que eso sería una caída de seis mil kilómetros... Sí, pero entonces ¿a qué latitud y longitud me encuentro?». Alicia no tenía ni idea de qué eran la latitud y la longitud, pero esas palabras le sonaban de algo y le pareció que eran muy adecuadas para la aventura que creía estar a punto de vivir.

«¡A lo mejor atravieso toda la Tierra! Será divertido aparecer de repente en medio de la gente que camina cabeza abajo. Los Antipáticos, creo..., pero tendré que preguntarles el nombre de su país. "Por favor, señora, ¿es esto Nueva Zelanda o se trata de Australia?" ¡Horror! ¡Pensará que soy una ignorante! Pues nada de preguntas, ya lo leeré en alguna parte.»

«Creo que Dina me va a echar de menos esta noche. ¡Dina!, cuánto me gustaría tenerte conmigo. Aquí no hay ratones, pero quizá podrías cazar murciélagos, que son muy parecidos. Me pregunto si los gatos comen murciélagos...» Alicia empezó a adormecerse y a soñar con su gata, cuando, de repente, ¡pataplaf!, aterrizó sobre un montón de ramas secas.

No se había hecho ni un rasguño, así que se levantó de un salto; ante ella se abría **un largo pasadizo** en el que pudo ver al Conejo Blanco, que se alejaba a toda prisa diciendo: «¡Por mis orejas y mis bigotes, qué tarde es!». La niña lo siguió y fue a parar **a una sala larga y baja**, iluminada por una hilera de lámparas que colgaban del techo.

Había un montón de puertas alrededor de la sala, pero todas estaban cerradas con llave. Entonces se dirigió al centro de la estancia, preguntándose una vez más cómo se las arreglaría para salir de allí.

De pronto vio **una pequeña mesa de tres patas**, sobre la que relucía una diminuta **llave de oro** y Alicia pensó que podía pertenecer a alguna de las puertas. Pero no hubo suerte, **las cerraduras eran demasiado grandes** o la llave demasiado pequeña y no pudo abrir ninguna. Como su curiosidad era insaciable, siguió inspeccionando la sala y, unos instantes después, descubrió detrás de una cortina una minúscula puerta que medía dos palmos de altura; metió la llave en la cerradura y... **¡la puerta se abrió!** ¡Por fin!

Alicia se arrodilló para observar qué había al otro lado y vio un pasillo que conducía al jardín más sorprendente que jamás había contemplado. Hubiera sido fabuloso poder entrar en él e inspeccionarlo, pero su cuerpo era demasiado grande para pasar a través de la puerta. Así pues, decidió acercarse de nuevo a la mesita con la esperanza de encontrar otra llave.

No obstante, esta vez lo que encontró fue un pequeño frasco con una inscripción en su etiqueta: «BÉBEME», decía.

Alicia se hubiera apostado un viaje alrededor del mundo a que aquel frasco no estaba allí cuando cogió la llave, pero pensó que ya reflexionaría más adelante sobre este misterio y **decidió beberse el líquido** que había en su interior y que, por cierto, estaba riquísimo.

«¡Qué sensación más extraña!
¡Me parece que me estoy encogiendo!»
Y era cierto, ¡ya solo medía un palmo! ¡Fantástico! Ahora ya podría pasar por la pequeña puerta. Se dirigió hacia allí, pero de pronto recordó que había olvidado la llave sobre la mesa y dedujo que, siendo ahora tan bajita, le sería imposible alcanzarla.
Entonces, le invadió el cansancio y la tristeza
y se puso a llorar.

«Venga, llorar no sirve para nada»,
se dijo a sí misma, y en aquel instante descubrió
una cajita de cristal debajo de la mesa; la abrió
y encontró un diminuto pastel con la palabra

«CÓMEME»

escrita con pasas. «Bueno, me lo comeré –decidió– y si me hace crecer alcanzaré la llave, y si me hace encoger aún más podré deslizarme por debajo de la puerta.»

Comió un pedacito y se sorprendió al observar
que seguía midiendo lo mismo. Así pues,
se lo zampó todo en un pispás. ¿Qué
le iba a suceder ahora?

Un mar de lágrimas

«Esto es cada vez más curiosante», exclamó Alicia, que, por un instante, se había olvidado de hablar correctamente.

«¡Ahora estoy creciendo y ya soy tan alta como un jugador de baloncesto! ¡Hasta la vista, pies!» (porque cuando miró hacia abajo, sus pies se habían alejado tanto que ya casi estaba a punto de perderlos de vista). «¡Oh! Mis pobres y pequeños pies, quién cuidará de vosotros a partir de ahora, tendréis que espabilaros sin mí. Pero voy a tener que tratarlos con amabilidad —pensó Alicia—, si no, no me llevarán adonde yo quiero ir. ¡Ya sé! ¡Les regalaré un par de botas nuevas por Navidad! Las enviaré por correo:

Sr. Pie Derecho de Alicia
Alfombra de la Chimenea,
junto al Guardafuegos

»¡Buf! ¡Qué tonterías se me ocurren!»

En ese momento, su cabeza chocó contra el techo de la sala: ¡ahora medía ya más de dos metros! Cogió la llave de oro y se precipitó hacia la pequeña puerta.

¡Pobre Alicia! Lo único que podía hacer era tumbarse de lado en el suelo y contemplar el jardín con un solo ojo. Desilusionada, se sentó y empezó a sollozar de nuevo.

Esta vez fue incapaz de contener el llanto y **lloró y lloró** hasta que se formó **un gran mar de lágrimas** a su alrededor.

Al poco rato oyó a lo lejos ruido de pasos que se acercaban. Era el Conejo Blanco, elegantemente vestido, con **un par de guantes** de piel en una mano y **un gran abanico** en la otra. Andaba deprisa, refunfuñando: «¡Oh, la Duquesa! ¡La Duquesa! ¡Se va a poner muy furiosa si la hago esperar!». Alicia aguardó a que el Conejo estuviera cerca y empezó a decir tímidamente:

—Por favor, señor...

El Conejo se llevó tal susto que **dejó caer los guantes y el abanico** y desapareció al instante en la oscuridad.

Alicia los recogió y, como hacía mucho calor, comenzó a abanicarse mientras se decía: «Vaya, vaya, ¡qué cosas más extrañas pasan hoy! ¡Ayer todo era muy normal! ¿Será que habré cambiado durante la noche? Creo recordar que esta mañana al levantarme me he sentido un poco distinta. Pero si no soy la misma, ¿quién soy? ¡Buf! ¡Menudo rompecabezas!». Entonces comenzó a pasar lista mentalmente de todas las niñas que conocía de su misma edad para averiguar si, tal vez, se había convertido en una de ellas.

«Estoy segura de que no soy Ada —se dijo— porque su pelo es muy distinto del mío. Y tampoco puedo ser Mabel porque yo sé muchas más cosas que ella. Además, ella es ella y yo soy yo. ¡Vaya lío! Voy a comprobar si recuerdo todo lo que sabía. Veamos: cuatro por cinco, doce, y cuatro por seis, trece... Londres es la capital de París, y París es la capital de Roma... ¡Ajjj! ¡Lo he dicho todo mal! Me debo de haber convertido en Mabel. A ver si soy capaz de recitar "Un elefante":

Un elefante se balanceaba
sobre la tela de un escarabaaajo,
y como veía que no se caía
fue a llamar a otro cocodriiilo.

»Estoy segura de que estas no son las palabras correctas. Esto significa que me he convertido en Mabel. ¡Pues eso sí que no! Si soy Mabel, ¡no pienso moverme de aquí! Solo volveré cuando me digan quién soy, y si me gusta, subiré, y si no, me quedaré aquí abajo el tiempo que haga falta hasta que sea otra persona...»

Tras esta reflexión se miró las manos y se sorprendió al observar que, sin darse cuenta, se había puesto uno de los pequeños guantes del Conejo. «¿Cómo me ha cabido? Eso es que me estoy encogiendo otra vez.»

Se levantó y fue hasta la mesa para comprobar su altura. Y descubrió que ahora no medía mucho más de dos palmos y que seguía menguando rápidamente. Dedujo que la causa era el abanico y lo soltó al instante, justo a tiempo de evitar desaparecer del todo.

«¡Buf! ¡Por los pelos! Y ahora ¡al jardín!» Y corrió a toda prisa hasta la diminuta puerta, pero ¡ay!, volvía a estar cerrada y la llave seguía en la mesa. «Las cosas están peor que nunca —pensó—, porque nunca había sido tan pequeña como ahora. ¡Qué mala suerte!»

Entonces, resbaló y, ¡chof!, se zambulló en agua salada hasta el cuello. Lo primero que pensó es que se había caído al mar, pero pronto comprendió que se estaba bañando en el mar de lágrimas que había derramado cuando medía más de dos metros.

«¡Ojalá no hubiera llorado tanto! Supongo que se trata de un castigo y moriré ahogada en mis propias lágrimas. Será algo extraño, seguro, pero hoy todo es tan extraño...»

Justo en ese momento oyó a alguien chapotear no muy lejos de ella, y nadó hacia allí para ver quién era. Al principio creyó que era un hipopótamo, pero entonces se acordó de lo pequeñita que era ahora y vio que solo se trataba de un ratón que había resbalado y caído al agua como ella.

«¿Servirá de algo hablar con él? Todo es tan raro en este sitio que no me extrañaría que hablase; de todas formas, no pierdo nada por intentarlo.»

—Buenos días, señor Ratón, ¿sabe usted cómo salir del agua? Estoy cansada de tanto nadar arriba y abajo.— Estaba convencida de que esta era la forma adecuada de dirigirse a un ratón; ella no se había encontrado nunca en una situación como esta, pero se acordaba de haber leído un cuento en el que aparecía un ratón al que llamaban señor, y además iba vestido como un señor desde la cola hasta las orejas.

El Ratón la miró intrigado, pero no dijo nada.

«A lo mejor no me entiende. Tal vez se trate de un ratón francés, que ha llegado aquí en un barco pirata» (porque, a pesar de todos sus conocimientos de historia, Alicia no tenía una idea muy clara de cuándo habían sucedido las cosas). Así pues, volvió a la carga.

–*Où est ma chatte?* –esta era la primera frase de su libro de francés.

Al instante, el Ratón dio un salto hacia atrás, asustado, y se puso a temblar.

–¡Oh! ¡Perdóneme! –suplicó Alicia, temiendo haber herido sus sentimientos–. Olvidé que a los ratones no les gustan los gatos.

–¿Que no nos gustan los gatos? –exclamó el Ratón muy enfadado–. ¿Te gustarían a ti los gatos si fueras como yo?

–Bueno, puede que no –dijo Alicia en un tono tranquilizador–. No se enfade; me gustaría poder presentarle a mi gata Dina. Es tan bonita y tan suave... y ronronea tan dulcemente junto al fuego... y es tan hábil cazando ratones...

¡Oh! ¡Perdón! –imploró Alicia de nuevo, pues esta vez al Ratón se le erizó todo el pelo y parecía realmente ofendido–. Ya no hablaremos más de Dina, si usted no quiere.

–¡Hablaremos! –gritó el Ratón, que temblaba hasta la punta de la cola–. ¡Como si a mí me interesara hablar de semejante tema! Los ratones siempre hemos detestado a los gatos: ¡esos seres repugnantes y rastreros! ¡No los soporto!

—No volveré a hablar de ella —dijo Alicia, apresurándose a cambiar de tema—. ¿Le gus... gustan los perros?

El Ratón no contestó, por lo que la niña siguió hablando con entusiasmo:

—Cerca de mi casa vive un perrito que me gustaría que conociera. Es un pequeño terrier de ojos brillantes y pelo castaño largo y rizado. Su amo es un granjero, ¿sabe usted?, y dice que su perro atrapa a todas las ratas que ve y... ¡Oh, no! —exclamó Alicia, apesadumbrada—. Me temo que he vuelto a meter la pata.

Y así debió de ser, porque el Ratón se alejaba de ella nadando a toda velocidad.
Al ver cómo huía, Alicia lo llamó dulcemente:

—¡Señor Ratón! Vuelva, por favor. Ya no hablaré más de gatos ni de perros.

Al oír esto, el Ratón dio media vuelta y nadó de nuevo hasta ella.
Dijo con voz temblorosa:

—Vayamos a la orilla y allí te explicaré
mi historia para que entiendas de una vez por todas
por qué detesto a los gatos
y a los perros.

Ya era hora de que salieran de allí porque cada vez había
más agua y el mar se estaba llenando
de todo tipo de animales.

Con Alicia a la cabeza, todo el grupo fue nadando hasta la orilla.

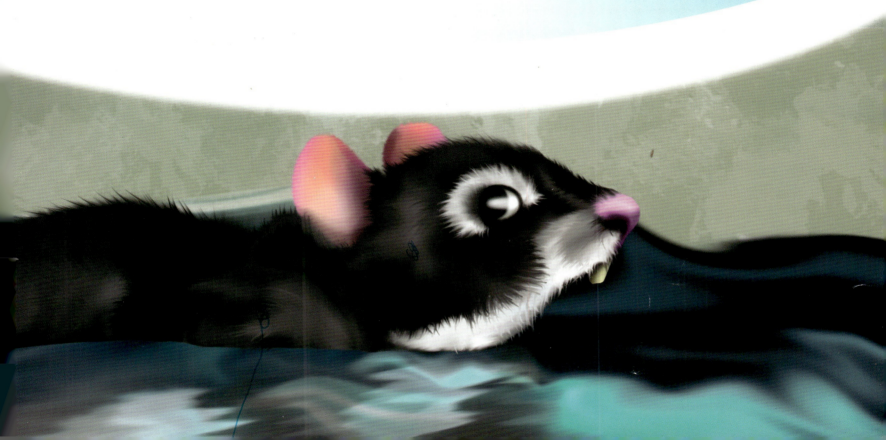

Una carrera en equipo y una historia con cola

El aspecto del grupo que se reunió en la orilla era ciertamente extraño: los pájaros tenían las plumas pegadas al cuerpo y los otros animales, el pelo aplastado, estaban malhumorados y calados hasta los huesos.

La primera cuestión, naturalmente, era buscar el modo de secarse. Entablaron una discusión en la que Alicia participó como si los conociese de toda la vida. Por fin, **el Ratón**, que parecía gozar de mayor autoridad que el resto de los presentes, gritó:

–¡Sentaos todos de una vez y escuchadme! ¡Os aseguro que os voy a dejar más secos que un desierto!

Todos se sentaron de golpe, formando un corro alrededor del Ratón. Alicia lo observó ansiosamente, pues estaba convencida de que iba a pillar un constipado de las dimensiones de un transatlántico si no se secaba en seguida.

–¡Ejem! –dijo el Ratón con aires de importancia–. ¿Estáis preparados? Esta es la historia más árida, es decir, seca, que conozco. ¡Silencio, por favor! Guillermo el Conquistador, cuya causa era apoyada por el Papa, pronto fue aceptado por los ingleses, que necesitaban un caudillo. Edwindo y Morcaro, los condes de Mercia y de Northumbria...

–¡Vaya rollo! –exclamó **el Loro**, con un escalofrío.

–Discúlpame –interrumpió el Ratón, en tono severo pero muy educadamente–. ¿Decías algo?

–¿Yo? No ¡Qué va! –respondió el Loro de inmediato.

—Así pues, como decíamos, Edwindo y Morcaro, los condes de Mercia y de Northumbria, se pusieron de su parte, e incluso Stigand, el gran sacerdote de Canterbury, encontrolo conveniente...

—¿Encontrolo? –preguntó el Pato.

—¡Encontrolo! –replicó el Ratón bastante mosqueado–. Sabes lo que significa, ¿no?

—¡Claro que sé lo que quiere decir! –replicó el Pato–. Pero cuando yo encuentro algo suele ser una rana o un gusano. ¿Qué encontró el arzobispo?

El Ratón decidió no contestar y siguió con su historia:

—... encontró conveniente ofrecerle la corona a Guillermo. Este, al principio, actuó con prudencia, pero la insolencia de sus soldados... ¿Cómo te encuentras ahora, querida? –se interrumpió dirigiéndose a Alicia.

—Más mojada que nunca –contestó la niña afligida–. No hay forma de que me seque.

—En tal caso –dijo el Dodo solemnemente mientras se alzaba–, propongo aplazar la reunión y hacer una carrera en equipo para secarnos.

—¿Qué es una carrera en equipo? –preguntó Alicia.

—Creo que la mejor manera de explicarlo es hacerlo.

Primero trazó en el suelo una pista en forma de círculo, y todo el grupo se colocó a lo largo de la línea dibujada. Nadie dijo «¡Preparados, listos, ya!», sino que todos empezaron a correr y se detuvieron cuando les vino en gana.

A la media hora, todos estaban ya secos. El Dodo gritó:

—¡Se acabó la carrera!

Los participantes en la prueba lo rodearon y, jadeando, preguntaron:

—¿Quién ha ganado?

Tras reflexionar unos segundos, el Dodo respondió:

—¡Todos hemos ganado y todos tendremos premio!

—Entonces, si todos hemos ganado, ¿quién entregará los premios?

—Pues ella, naturalmente –dijo el Dodo señalando a Alicia.

En un abrir y cerrar de ojos rodearon a la niña y empezaron a gritar como locos:

—¡Premios, premios!

Alicia no tenía ni la más remota idea de qué hacer. Desesperada, se metió la mano en el bolsillo y, ¡sorpresa!, encontró una bolsa de gominolas, que repartió entre ellos.

—Pero ella también debería tener un premio –dijo el Ratón.

—Desde luego –respondió el Dodo con gravedad–. ¿Qué más tienes en el bolsillo? –le preguntó a Alicia.

—Solo un dedal –contestó ella un poco triste.

—Pues dámelo –dijo el Dodo.

Entonces el grupo la rodeó de nuevo mientras el Dodo le ofrecía el dedal con gran solemnidad y decía:

—Te rogamos, querida niña, que aceptes este fantástico dedal. –Y todos aplaudieron.

A Alicia la situación le pareció bastante absurda, pero los demás se lo tomaban tan en serio que intentó mostrarse agradecida.

Los pájaros armaron un gran revuelo con las gominolas que recibieron, pero, al fin, se sentaron y pidieron al Ratón que les contara otra historia.

—Señor Ratón, me prometió contarme *su* historia, ¿se acuerda? –dijo Alicia–. Y por qué odia tanto a los G... y a los P... –añadió en un susurro, temiendo haberlo ofendido de nuevo.

—La mía es una triste historia que arrastra una larga cola –dijo el Ratón suspirando.

—Por supuesto que debe de ser una historia con una cola muy larga –dijo Alicia, contemplando con admiración la cola del Ratón–. Pero ¿por qué es triste?

Y tan convencida estaba ella de que la cola desempeñaba un papel importante en la historia del Ratón que le pareció que el relato tomaba esta forma:

Un perro dijo a un ratón
que se encontró en la mansión:
juntos iremos a ver al juez
para que te juzgue de una vez;
venga, acepta el desafío
y vamos a juicio.
Respondió el ratón a su enemigo:
un juicio sin juez o jurado
no me parece lo más apropiado.
Yo seré el juez o el jurado,
respondió el perro enfadado.
Tu culpabilidad demostraré
y a morir te condenaré.

—No me estás escuchando –protestó el Ratón–. ¿En qué piensas, niña?
—¡Uy! ¡Perdón! Ya hemos llegado al final de la cola, quiero decir, de la historia, ¿verdad?

–¿Cómo? ¡Si todavía no he contado lo más importante! –dijo el Ratón con tono ofendido y se alejó del grupo.

–Por favor, señor Ratón, vuelva y termine su historia –rogó Alicia. Pero el Ratón sacudió la cabeza con impaciencia y apretó el paso.

–¡Qué pena que se haya ido! –suspiró el Loro.

–Me gustaría que Dina estuviera aquí –dijo Alicia en voz alta–. Lo habría traído de vuelta en un santiamén.

–¿Y quién es Dina? –preguntó el Loro con curiosidad.

–Dina es mi gata y es toda una experta cazando ratones. También le gusta atrapar pájaros y a los pequeños se los zampa de un solo bocado.

Estas palabras tuvieron un efecto estremecedor entre los presentes. Algunos salieron disparados como cohetes, otros se excusaron y alzaron el vuelo precipitadamente hacia sus nidos. En pocos segundos, todos habían desaparecido como por arte de magia y Alicia se había quedado sola de nuevo.

–¡Ojalá no hubiese hablado de Dina! –dijo en tono melancólico–. ¡Pobre Dina!

Empezaba a llorar cuando oyó el rumor de unos pasos. Levantó la vista esperanzada, pensando que a lo mejor el Ratón había cambiado de idea y volvía para terminar su historia.

El Conejo envía a Bill

Era otra vez el conejo, que miraba a su alrededor ansiosamente, como si hubiera perdido algo. Alicia oyó que murmuraba:

—¡La Duquesa! ¡La Duquesa! ¡Por mis patas, mi piel y mis bigotes! ¡Me mandará ejecutar, tan seguro como que un hurón es un hurón! ¿Dónde diablos se me han caído?

Alicia comprendió que buscaba **el abanico y los guantes de piel**, y empezó ella también a buscar por todos los rincones. Sin embargo, desde que se había caído al mar de lágrimas, la sala con la mesita se había desvanecido.

El Conejo se percató de la presencia de Alicia y la llamó muy enfadado:

—¿Qué demonios estás haciendo tú aquí, Mary Ann? Lárgate inmediatamente a casa y tráeme un par de guantes y un abanico. ¡Aprisa!

Alicia se llevó tal susto que salió corriendo en la dirección que el Conejo señalaba.

«Me ha confundido con su ayudante –pensó–. Qué sorpresa se llevará cuando descubra quién soy. Pero será mejor que le lleve su abanico y sus guantes, si logro encontrarlos, claro.»

En ese instante **vio una casita** en cuya puerta había una placa con el nombre «C. BLANCO», grabado en ella. Alicia entró sin llamar y corrió escaleras arriba en busca de los guantes y el abanico.

«Qué raro es esto de andar haciendo recados para un conejo –pensó–. Quizá la próxima vez será Dina la que me dé órdenes.»

Entró en una habitación y encima de una mesa vio un abanico y dos o tres pares de guantes. Estaba a punto de salir pitando de allí cuando sus ojos se fijaron en **una pequeña botella**. Esta vez no tenía ninguna etiqueta que dijera «BÉBEME», pero de todos modos se la llevó a los labios. «Estoy segura de que va a suceder algo interesante. Espero volver a crecer porque ya estoy harta de parecer un ser insignificante.»

¡Y así ocurrió! Aún no había tenido tiempo de beberse la mitad del contenido de la botella, que su cabeza ya **chocaba contra el techo** y tuvo que encorvarse para no romperse el cuello. «Creo que ya he bebido suficiente –pensó–. Espero no crecer más porque así ya no paso por la puerta.»

Pero Alicia **seguía creciendo y creciendo**, como si estuviera hecha de plastilina, y pronto tuvo que estirarse en el suelo, sacar un brazo por la ventana y meter un pie por la chimenea. Por suerte para ella, el efecto del líquido se agotó y, bruscamente, dejó de crecer.

«En casa estaba mucho mejor –pensó la pobre Alicia–. Casi desearía no haberme metido en la madriguera del conejo, aunque reconozco que esta forma de vivir me parece muy interesante. Cuando sea mayor escribiré un libro sobre mis aventuras, pero... ¡si ya soy mayor! Por lo menos, ¡aquí ya no puedo crecer más!»

«Pero entonces –se dijo–, ¿no cumpliré ya más años? Me gusta la idea porque así nunca seré vieja, pero, por otro lado, ¡tendré que ir al colegio y hacer deberes toda la vida! ¡Eso ya no me hace ninguna gracia!»

De repente, una voz que venía de fuera interrumpió sus reflexiones:

–¡Mary Ann! ¡Mary Ann! –chillaba la voz–. ¡Tráeme los guantes inmediatamente!

Alicia, reconoció al Conejo y se puso a temblar de miedo, olvidándose de que ahora era muchíííísimo más grande que él.

Este se dirigió a la puerta e intentó abrirla, pero el codo de Alicia lo impedía.

–Bueno, entraré por la ventana –dijo el Conejo.

«Eso sí que no», pensó Alicia. Esperó unos segundos y movió la mano que le salía por la ventana. Al instante oyó un chillido y un ruido de cristales rotos. Dedujo que el Conejo se había caído sobre un invernadero.

–¡Pat! ¡Pat! ¿Dónde estás? –gritó el Conejo muy enfadado.

Entonces, una voz que Alicia no había oído nunca contestó:

–¡Estoy aquí, señor! ¡Cogiendo manzanas!

–¡Ven en seguida y ayúdame a salir de aquí! –más ruido de cristales rotos–. Dime, Pat, ¿qué es esto que sale por la ventana?

–Un brazo, señor.

–Pero ¿quién ha visto nunca un brazo de este tamaño? ¡Ocupa toda la ventana!

–Es verdad, señor, pero sigue siendo un brazo.

–¡Pues quítalo de ahí!

Después de esto hubo un largo silencio, y Alicia solo alcanzó a entender que a Pat no le convencía para nada la idea de acercarse a la ventana y que el Conejo estaba cada vez más enfadado. La niña movió la mano de nuevo y esta vez se oyeron dos chillidos y más ruido de cristales rotos.

Esperó unos instantes sin oír nada más. Por fin escuchó el estruendo que hacían las ruedas de una carretilla, el sonido de muchas voces hablando todas a la vez y a alguien que llamaba a un tal Bill:

–¡Bill, ven aquí! El jefe dice que tienes que bajar por la chimenea.

«¡Vaya! Lo siento por Bill, no me gustaría estar en su pellejo. Aunque la chimenea es estrecha me parece que podré atizarle una buena patada.»

Así pues, Alicia dobló la pierna y, cuando oyó a un animalillo bajar por la chimenea, le propinó un puntapié con todas sus fuerzas y esperó a ver qué pasaba a continuación.

Lo primero que oyó fue un coro de voces que gritaban: «¡Allá va Bill!», y seguidamente la voz del Conejo:

–¡Eh, los de la valla! ¡Agarradlo!

Tras unos instantes de silencio, todos empezaron a hablar a la vez:

–¡Levantadle la cabeza!

–¡Dadle un trago!

–¡No lo ahogues!

–¿Qué ha pasado, amigo?

–¡Cuéntanoslo todo!

Por fin, se oyó una vocecilla débil, que Alicia dedujo que era la de Bill:

—Bueno, no sé muy bien qué ha pasado, solo recuerdo que algo me sacudió y **salí disparado como un cohete.**

—Tenemos que quemar la casa –concluyó el Conejo.

Y Alicia gritó con todas sus fuerzas:

—Si lo hacéis, mandaré a Dina contra vosotros.

Inmediatamente, se hizo un silencio y Alicia se preguntó: «¿Qué van a hacer ahora? Si les quedara una pizca de sentido común levantarían el techo». Entonces, oyó de nuevo la voz del Conejo:

—Con una carretada tendremos bastante para empezar.

«¿Una carretada de qué?», pensó Alicia. Pero sus dudas se disiparon al instante porque una lluvia de piedrecillas le golpeó en la cara.

—¡Será mejor que no lo volváis a hacer! –vociferó Alicia.

De nuevo, se hizo un silencio, pero esta vez la niña se sorprendió al observar que las piedrecillas se estaban convirtiendo en pastelillos. Una brillante idea acudió a su cabeza: «Estoy segura de que si me como uno de estos pastelillos experimentaré algún cambio de tamaño, y como ya no puedo crecer más supongo que me encogeré».

Así pues, se comió un pastelillo y con gran alegría vio que ya empezaba a menguar. Cuando calculó que ya podía pasar por la puerta, salió de la casa veloz como un rayo y se topó con un grupo de animalillos y pájaros que la esperaban fuera. El pobre Bill estaba en el centro, sostenido por dos conejillos de indias, que le daban de beber. Se abalanzaron todos sobre Alicia, pero ella arrancó a correr y pronto se encontró sana y salva en un espeso bosque.

«Lo primero que tengo que hacer –reflexionó Alicia mientras correteaba por el bosque– es crecer hasta recuperar mi estatura normal. Y lo segundo, encontrar la manera de entrar en aquel alucinante jardín.»

Sin duda era un plan excelente. El único problema es que no tenía la menor idea de cómo llevarlo a cabo. Y mientras miraba ansiosamente por entre los árboles, un agudo ladrido que sonó por encima de su cabeza le hizo levantar la vista hacia arriba sobresaltada.

Un enorme cachorro la miraba con sus grandes ojos y alargaba una de sus patas para intentar tocarla.

—¡Qué perro más bonito! —exclamó Alicia con tono cariñoso e intentó silbarle. Pero de repente le entró miedo de que estuviera hambriento y quisiera zampársela de un bocado.

Cogió una rama del suelo y la alargó hacia el cachorro, que saltó sobre las cuatro patas, soltó un ladrido de satisfacción y se abalanzó sobre el palo. Alicia, entonces, pensando que aquello era muy parecido a jugar con un caballo gordinflón, tuvo miedo de que la lastimara con una de sus patazas y aprovechó un despiste de este para escabullirse.

—Era un encanto de perro —dijo Alicia— pero ahora debo pensar en cómo crecer otra vez. Supongo que tendré que comer o beber algo, pero ¿el qué? ¡Esta es la gran cuestión!

Alicia miró a su alrededor pero no vio nada que tuviera aspecto de comida o bebida. Allí cerca se alzaba una seta que medía más o menos como ella. La examinó por todos lados, también por arriba. Se puso de puntillas y miró por el borde de la seta. Sus ojos toparon de inmediato con los de una gran oruga azul, que estaba sentada allí encima, con una larga pipa y sin prestar la menor atención a Alicia ni a ninguna otra cosa.

El consejo de la Oruga

La Oruga y Alicia se miraron un rato sin abrir la boca. Al final, la Oruga se sacó la pipa de la boca y preguntó con voz adormilada:

—¿Quién eres tú?

—Pues... la verdad es que no estoy muy segura de quién soy, señor Oruga. Sí sé quién era cuando me he levantado esta mañana, pero desde entonces he cambiado varias veces.

—¿Qué quieres decir con eso? —exclamó la Oruga—. ¡Explícate!

—Señor, me temo que no puedo explicarme, porque, como puede usted ver, yo no soy yo misma.

—¡Yo no veo nada! —dijo la Oruga.

—Lo que pasa es que no puedo explicarlo con más claridad, porque, para empezar, ni yo misma lo entiendo. Eso de cambiar **tantas veces de estatura** en un solo día es un poco lioso.

—No lo es —contestó la Oruga.

—Bueno, a lo mejor a usted no se lo parece todavía, pero cuando le toque convertirse en crisálida y después en mariposa quizá le resulte un poco extraño, ¿no cree?

—Para nada —dijo la Oruga.

—Tal vez usted lo ve de otro modo, pero yo me sentiría muy pero que muy rara.

—¿Tú? ¿Y quién eres tú? —preguntó la Oruga con desprecio.

Alicia, que ya empezaba a estar harta de la Oruga, se levantó y dijo enfadada:

—Me parece que es usted quien debe decirme quién es.

—¡Ah! ¿Y eso por qué? —interrogó la Oruga.

Esta era otra pregunta complicada, y como a Alicia no se le ocurrió qué contestar, decidió alejarse de allí.

—¡Vuelve, niña! —le gritó la Oruga—. ¡Tengo algo importante que decir!

Alicia volvió tras sus pasos.

—¡Controla ese mal genio! —dijo la Oruga.

—¿Eso es todo? —contestó Alicia.

—No —replicó la Oruga.

Alicia decidió esperar a ver si le decía algo interesante. Al cabo de unos minutos, la Oruga le preguntó:

—Así que tú crees haber cambiado, ¿no?

—Así es, señor —dijo Alicia—. Además, no me acuerdo de cosas que antes sabía muy bien.

—¿No te acuerdas de qué cosas? —preguntó la Oruga.

—Bueno, he intentado cantar «Un elefante», pero el resultado ha sido un verdadero desastre —contestó Alicia con voz triste.

—Recita «Sois viejo, padre Guillermo» —ordenó la Oruga.

Alicia se cogió las manos y empezó:

>—Sois viejo, padre Guillermo -dijo el joven-,
>Vuestro pelo se ha vuelto blanco,
>pero seguís haciendo la vertical.
>¿Os parece bien, a vuestra edad?

>—Cuando era joven -replicó el padre a su hijo-
>tenía miedo de dañarme la cabeza,
>pero ahora sé que ya la he perdido
>y hago la vertical cuando me da la gana.

>—Sois viejo -insistió el joven-
>y estáis muy pero que muy gordo;
>Pero dais volteretas como si nada.
>¿Cómo lo conseguís?

>—Cuando era joven
>-contestó el padre sacudiendo sus canas-
>me ponía esta pomada.
>¿Te puedo vender un par de cajas?

—Sois viejo —continuó el joven— y vuestras mandíbulas están muy débiles.
Pero os habéis zampado
todo el pato y ni los huesos habéis dejado.
Decidme, ¿cómo lo habéis logrado?

—Cuando era joven —respondió el padre— era abogado
y con mi mujer todos los casos discutía.
Desarrollé tal fuerza en las mandíbulas
que la conservo todavía.

—Sois viejo —persistió el joven—
y se supone que la vista, como antes, no tenéis.
Pero con una anguila en la punta de la nariz, el equilibrio mantenéis.
¿Cómo conseguís ser tan espabilado?

—¡Basta ya de preguntas! —le espetó el padre—.
¿Te crees que puedo perder todo el día escuchando tonterías?
¡Largo de aquí o de una patada
por las escaleras rodarías!

—No lo has dicho bien —dijo la Oruga.

—No está del todo bien —contestó Alicia tímidamente.

—¡Está mal de cabo a rabo! —exclamó la Oruga,
y añadió: —¿Qué tamaño te gustaría tener?

—Bueno, no tengo manías respecto a ese tema. Simplemente quisiera
no estar **todo el día cambiando de tamaño**, ¿sabe?

—Yo no sé nada —contestó la Oruga—.
¿Estás contenta con tu tamaño actual?

—Me gustaría ser un poco más alta, señor. Medio palmo es muy poco.

—¡Es una estatura perfecta! —dijo la Oruga enfadada, pues medía exactamente medio palmo.

—¡Pero es que yo medía mucho más! —replicó la pobre Alicia, lamentando que aquellos animalillos fueran tan susceptibles.

—Con el tiempo te acostumbrarás —sentenció la Oruga, que se puso a fumar de nuevo. Al cabo de poco se quitó la pipa de la boca y bostezó un par de veces. A continuación, bajó de la seta y comenzó a deslizarse por la hierba diciendo:

—Un lado te hará crecer, y el otro, encoger.

—Un lado ¿de qué? El otro lado ¿de qué? –preguntó Alicia.

—¿De qué va a ser? De la seta –dijo la Oruga, y al instante se perdió de vista.

Así pues, Alicia decidió extender los brazos por el borde de la seta y **cortar un trocito con cada mano.**

—Y ahora, ¿cuál es cuál? –se preguntó, y mordisqueó un poco del de la mano derecha para probar su efecto. Al instante sintió un violento golpe en la barbilla, ¡que había chocado con los pies!

Se llevó un buen susto, pero no había tiempo que perder, así que engulló la otra porción de seta que tenía en la mano izquierda.

—¡Por fin tengo la cabeza libre! –gritó Alicia con alivio. Pero su alegría duró poco al advertir que no alcanzaba a ver ni sus propios hombros. Todo lo que podía vislumbrar si miraba hacia abajo era un larguíííísimo cuello que se estiraba como un tallo por encima de un mar de hojas verdes.

«–¿Qué son todas esas cosas verdes? –pensó–. ¿Y dónde han ido a parar mis hombros? ¡Oh, no! ¿Qué he hecho con mis pobres manos? ¿Dónde están?»

Entonces, decidió inclinar el cuello como una serpiente. Iba a introducirse entre las hierbas, que no eran otra cosa que las copas de los árboles, cuando un agudo silbido la hizo retroceder: **una gran paloma** se precipitaba contra su cabeza y la golpeaba violentamente con las alas.

—**¡Víbora!** –chilló la Paloma.

—¿Cómo? ¡Víbora tú! –exclamó Alicia enfadada.

—¡Víbora, más que víbora! –añadió la Paloma, en un tono más discreto–. ¡Lo he intentado todo sin resultado!

—**¡No tengo la menor idea de lo que me estás diciendo!** –dijo Alicia, cada vez más confusa, que decidió no decir nada más hasta que la Paloma hubiera terminado.

—Como si no fuera ya bastante fastidio pasarse las horas empollando huevos –continuó la Paloma–, encima tengo que estar día y noche vigilando a las serpientes. ¡No he podido pegar ojo durante tres semanas!

—Siento mucho que hayas sufrido tantas molestias –dijo Alicia, que ya empezaba a entender algo de todo aquello.

—Y justo cuando escojo el árbol más alto del bosque, justo cuando ya creía que me había librado de ellas de una vez por todas, tienes que bajar tú arrastrándote desde el cielo. ¡Ajjjj! ¡Víbora!

—Pero si yo no soy una serpiente. Yo soy...

—¿Qué? ¿Qué eres?, ¡a ver qué te inventas!

—Soy una po... pobre niña –dijo Alicia, que, después de tantos cambios, ya no estaba muy segura.

—¡A otra con ese cuento! ¡A mí no me vas a engañar! ¡Tú eres una serpiente y de nada sirve negarlo! ¡Supongo que ahora me dirás que nunca te has zampado un huevo!

—¡Claro que he comido huevos! ¡Pero es que las niñas comen huevos, como las serpientes!

—¡Tú andas buscando huevos! –exclamó la Paloma–. ¡Si lo sabré yo!

—¡No estoy buscando huevos!, y si lo hiciera, ¡no quiero los tuyos para nada!

—Pues ¡lárgate! –contestó la Paloma malhumorada, y se metió en el nido.

Alicia, con gran esfuerzo, se introdujo por entre las ramas. De repente, se acordó de que todavía le quedaban dos porciones de seta en las manos y comenzó a mordisquear primero una después otra, ¡hasta que consiguió recuperar su estatura habitual!

Al cabo de un rato, la niña llegó a un claro en el bosque donde había *una casita* de poco más de un metro de altura.

—Quienquiera que viva en esta casita se va a llevar un buen susto *si me presento con esta estatura* –pensó Alicia.

Así que mordisqueó un *pedacito de seta* que tenía en la mano derecha y no se acercó a la casa hasta que midió poco más de un palmo.

Cerdo y pimienta

Alicia se quedó mirando la casa y preguntándose qué hacer, cuando de repente un sirviente con uniforme y que parecía un pez salió corriendo del bosque y golpeó con fuerza la puerta. La abrió otro sirviente también con uniforme, que era igualito igualito que un sapo. La niña sintió una gran curiosidad por saber qué estaba pasando allí y salió del bosque para oír lo que decían.

El Sirviente-pez, que llevaba una gran carta bajo el brazo, dijo en tono severo:

—Para la Duquesa. Una invitación de la Reina para jugar al croquet.

El Sirviente-sapo repitió sus palabras:

—Para la Duquesa. Una invitación de la Reina para jugar al croquet.

Después, ambos sirvientes se inclinaron graciosamente, a modo de reverencia.

Al ver esto, a Alicia le dio tal ataque de risa que tuvo que volver al bosque para que no la oyeran. Cuando se asomó de nuevo a mirar, el Sirviente-pez ya se había ido y el otro estaba sentado en el suelo cerca de la puerta, contemplando, atontado, el cielo.

Alicia se acercó tímidamente a la puerta y llamó.

—No es necesario que llames —dijo el Sirviente—. En primer lugar, porque yo estoy al mismo lado de la puerta que tú; y en segundo, porque están armando mucho ruido dentro y nadie te va a oír.

En efecto, desde el interior de la casa salía un ruido extraordinario: gritos, estornudos y de vez en cuando un gran estruendo, como si un plato se hubiera partido en mil pedazos.

En ese instante la puerta de la casa se abrió y un gran plato salió despedido, hacia fuera a gran velocidad, en dirección a la cabeza del Sirviente: le rozó la nariz y se estrelló contra un árbol.

—Yo estaré sentado aquí hasta mañana... o pasado mañana, tal vez —continuó el Sirviente sin alterarse.

Alicia se armó de valor y entró en la casa.

La puerta conducía directamente a una gran cocina, en la que había una descomunal humareda. La Duquesa estaba sentada en una silla con un bebé en brazos; y la cocinera se inclinaba sobre el fogón y removía una cacerola inmensa.

—¡Sin lugar a dudas aquí hay demasiada pimienta! —pensó Alicia mientras soltaba un estornudo. Había pimienta hasta en el aire. Incluso la Duquesa estornudaba de vez en cuando, y el bebé estornudaba y aullaba sin parar. Los únicos a los que parecía no afectar la pimienta eran la Cocinera y un gato enorme con una sonrisa de oreja a oreja recostado sobre una gran calabaza.

—Por favor, ¿podría usted decirme por qué su gato sonríe de esta manera?

—Es un gato de Cheshire, por eso sonríe. ¡Cerdo!

La Duquesa dijo esto último en un tono tan violento que Alicia estuvo a punto de dar un salto estratosférico. Sin embargo, en seguida comprendió que se refería al bebé, no a ella, por lo que replicó:

—No sé de ningún gato que lo haga.

–¡Tú no sabes nada de nada!

Entonces, la cocinera apartó la cazuela del fuego y comenzó a lanzar todo cuanto tenía a mano contra la Duquesa y el bebé, que berreaba a pleno pulmón.

—¡Por favor, tenga usted cuidado! –gritó Alicia mientras saltaba como un canguro espantado–. ¡Le va a estropear su preciosa nariz al bebé!

—Si nadie metiera las narices en los asuntos de los demás –dijo la Duquesa con voz desagradable–, la Tierra giraría a mucha más velocidad.

—Eso no tendría ninguna ventaja. ¡Imagínese el jaleo que se armaría entre el día y la noche! Ya sabe usted que la Tierra tarda veinticuatro horas en dar una vuelta completa sobre su eje...

—Hablando de ejecutar —dijo la Duquesa—,
¡que le cooorten la cabeza!

Alicia miró asustada a la Cocinera, pero esta estaba ocupada
removiendo la sopa y no parecía oír nada. Así pues, continuó:

—Veinticuatro horas, creo. ¿O eran doce? Yo...

—¡Cállate ya con tanto número! ¡No soporto las matemáticas! —exclamó la Duquesa—. ¡Hala! Toma, arrúllalo un poco si quieres —y le lanzó el bebé como si fuera un balón—. Yo tengo que ir a arreglarme para
jugar al croquet con la Reina.

Alicia sostuvo al niño en brazos con cierta dificultad, pues la criatura tenía una forma extraña y forcejeaba con los brazos y las piernas como si tratara de escapar de una camisa de fuerza. Y, entretanto, el pobrecillo emitía unos gruñidos que sonaban como el tubo de escape de una moto.

—Si no me llevo a esta criatura conmigo —dijo Alicia—,
seguro que la matan. ¡Sería un crimen abandonarla aquí! —y salió de la casa.

Como respuesta a estas palabras, el bebé emitió un gruñido.

—No gruñas —le riñó Alicia—. Esta no es forma de expresarse.

El bebé volvió a gruñir y Alicia lo observó con preocupación. No había duda de que tenía una nariz muy respingona; de hecho, parecía más un hocico que una nariz. Asimismo, sus ojos se estaban volviendo muy requetepequeños. A la niña no le gustó nada su aspecto.

—Si te estás convirtiendo en un cerdo,
no cuentes conmigo. O sea, que no pienso pasarte ni una sola grosería.

La pobre criatura comenzó a sollozar de nuevo y emitió
un gruñido muy fuerte. No había error posible: ¡no era ni más ni menos que un cerdo!

La niña dejó al cerdo en el suelo y se sintió muy aliviada cuando vio
que se iba tan tranquilo trotando hacia el bosque.

De pronto vio al **Gato de Cheshire** agazapado sobre
la rama de un árbol y sonriendo. Parecía
simpático, aunque tenía ¡unas uñas larguísimas
y muuuchos dientes!

—¡Hola!, Gato de Cheshire, ¿me podrías decir
hacia dónde tengo que ir para salir de aquí?

—**Eso depende de a qué sitio quieras llegar**
—contestó el Gato.

—No sé muy bien a dónde... –dijo Alicia.

—Pues entonces puedes tomar el camino que quieras –replicó el Gato.

—... siempre que llegue a alguna parte –añadió Alicia.

—De eso puedes estar segura. Solo tienes que andar durante un buen rato.

—**¿Qué clase de gente vive por aquí?**

—En esa dirección vive **un sombrerero**, y en aquella otra
vive una **liebre de marzo**. Visita al que quieras, los dos están **locos de atar**.

—Pero a mí no me gusta tratar con locos.

—¡Vaya! ¡Pues eso no lo vas a poder evitar!
—dijo el Gato—, todos estamos locos aquí. Yo estoy loco y tú estás loca.

—¿Y tú cómo sabes que yo estoy loca?

—Has de estar loca como una cabra, si no, no habrías venido aquí.
¿Vas a jugar al croquet hoy con la Reina?

—¡Me encantaría! Pero no me han invitado todavía.

¿En qué se convierte el bebé de la Duquesa?

—Nos veremos allí
—dijo el Gato,
y se esfumó.

Reapareció al instante y preguntó:
—Por cierto, ¿qué pasó con el bebé?

—Se convirtió en un cerdito
—respondió Alicia.

—Lo sospechaba —declaró el Gato,
y se esfumó de nuevo.

Regresó una vez más e interrogó:

—¿Has dicho cerdito o Pepito?

—¡He dicho cerdito! Y para ya de una vez
de aparecer y desaparecer,
¡me mareas!

—¡Vale, vale! —dijo el Gato,
y esta vez se esfumó muy muy lentamente,
manteniendo la sonrisa hasta el final.

Alicia no tardó mucho en llegar al extraño
hogar de la Liebre de Marzo,
pues las chimeneas tenían forma de orejas y el tejado estaba cubierto
de piel. La casa le pareció tan grande que no se atrevió a acercarse
hasta haberse comido un
pedacito de seta
de la mano izquierda y
crecer un poco.

Una merienda de locos

Había una mesa muy grande bajo un árbol, frente a la casa, y la Liebre de Marzo y el Sombrerero estaban tomando el té. Entre uno y otro se sentaba un Lirón, profundamente dormido.

—¡No hay sitio! —gritaron al ver a Alicia.

—¡Hay mucho sitio! —exclamó ella indignada, y se sentó en un gran sillón a un lado de la mesa.

—¿En qué se parece un cuervo a un escritorio? —le preguntó el Sombrerero.

—Creo que sé la solución —declaró Alicia, contenta de **jugar a las adivinanzas**.

—¿Quieres decir que crees saber la solución? Pues en tal caso deberías decir lo que crees —siguió la Liebre de Marzo.

—Ya lo estoy haciendo —replicó Alicia—. Al menos... creo lo que digo... Viene a ser lo mismo, ¿no?

—¡Para nada! —manifestó el Sombrerero—. ¡Pues entonces sería lo mismo decir «veo lo que como» que «como lo que veo»! ¿Qué día del mes es hoy?

—Se sacó **un reloj del bolsillo** y lo miró con ansiedad.

—Hoy es día cuatro —contestó Alicia.

—¡Dos días de retraso! —suspiró el Sombrerero.

Alicia, que estaba observando el reloj con curiosidad, comentó:

—¡Qué reloj más raro! **¡Marca los días del mes en vez de las horas!**

—¿Has encontrado ya la solución a la adivinanza? —preguntó el Sombrerero.

—¡No! ¡Me rindo! ¿Cuál es la respuesta?

—No tengo ni la menor idea —dijo el Sombrerero.

—¡Ni yo! —agregó la Liebre de Marzo.

—Creo que no deberían perder el tiempo con adivinanzas que no tienen solución –exclamó Alicia irritada.

—¡Si conocieras al Tiempo tan bien como lo conozco yo, no hablarías de perderlo! –dijo el Sombrerero–. ¡Me apuesto lo que quieras a que nunca has hablado con el Tiempo! Si te llevarás bien con él, haría cuanto quisieras. Por ejemplo, le podrías pedir que siempre fuera la hora de comer.

—¿Es eso lo que ustedes hacen con el Tiempo?

—¡Ya no! –contestó el Sombrerero tristemente–. Nos peleamos el pasado marzo, justo antes de que la Liebre se volviera loca. Fue en el gran concierto ofrecido por la Reina de Corazones; yo tenía que recitar:

Papá ornitorrinco y
sus cinco ornitorrincos
recorren rincones sequitos.

»Bueno, pues finalizaba ya mi actuación –dijo el Sombrerero– cuando la Reina pegó un bote y chilló: «¡Está perdiendo el tiempo! ¡Que le cooorten la cabeza!».

—¡Vaya con la Reina! ¡Qué bruta es! –exclamó la niña.

—Y desde entonces –continuó el Sombrerero con pena–, el Tiempo no quiere saber nada de mí y siempre son las seis de la tarde.

—¿Por eso en la mesa hay tantas tazas? –preguntó Alicia.

—Pues sí, como siempre es la hora de merendar no tenemos tiempo de lavar los platos.

—Y lo que hacen es ir dando vueltas a la mesa, ¿verdad?

—Exactamente –admitió el Sombrerero–. A medida que vamos ensuciando las tazas.

—Propongo cambiar de tema –interrumpió la Liebre de Marzo, bostezando–. Esta conversación me aburre. Que el Lirón nos cuente un cuento. ¡Despierta, Lirón!

—No estaba durmiendo –les aseguró el Lirón ofendido–. Estaba escuchándoos.

—¡Por favor, cuéntanos un cuento! –pidieron todos a coro.

—Había una vez tres hermanitas que vivían en el fondo de un pozo…

—¿Qué comían? –interrumpió Alicia.

—Miel –contestó el Lirón después de pensárselo durante unos instantes.

—¡Imposible! ¡Se hubieran puesto enfermas! –replicó la niña.

—¡Pues sí! ¡Estaban muy muy enfermas! –chilló el Lirón enojado.

—¿Y por qué vivían en el fondo de un pozo?

—Es que era un pozo de miel –respondió el Lirón tras meditar unos segundos.

—¡No existe tal cosa! –se apresuró a decir Alicia muy enfadada.

—Si vas a interrumpirme todo el rato, termina tú la historia.

—¡No, por favor, continúe!
–suplicó Alicia con arrepentimiento.

—Las tres hermanitas aprendían a dibujar en el fondo del pozo
–prosiguió el Lirón, bostezando y frotándose los ojos,
pues cada vez tenía más y más sueño–,
y dibujaban cosas que empiezan con M…

—¿Por qué con M? –preguntó Alicia.

—¿Y por qué no? –repuso la Liebre de Marzo.

Mientras tanto el Lirón había cerrado los ojos y comenzaba ya a roncar, pero entonces el Sombrerero le propinó tal pellizco que se despertó de golpe y continuó:

—… como matarratas, memoria, más… Vaya, más o menos. ¿Habéis visto alguna vez un dibujo de un más o menos?

—Lo cierto es que no creo haber… —empezó a decir Alicia un poco aturdida.

—Pues entonces, ¡cállate! —la interrumpió el Sombrerero.

Alicia se levantó y se alejó muy indignada. No pensaba aguantar más insolencias. El Lirón cayó dormido de inmediato y los otros dos no se percataron de su marcha. Lo último que la niña vio es que estaban intentando meter al Lirón dentro de la tetera.

—¡No pienso volver a este lugar nunca más! ¡Vaya merienda más tonta!

Justo en ese instante vio una puerta en un árbol.

La abrió y entró, y ¡sorpresa!, una vez más apareció en la gran sala, junto a la mesa. «Esta vez haré las cosas bien», pensó; así que agarró la pequeña llave de oro y abrió la puerta que conducía al jardín. Seguidamente, mordisqueó un trocito de seta y se encogió hasta poder pasar por la puerta. Se adentró por el pasadizo estrecho y, por fin, pudo acceder a aquel jardín tan maravilloso.

El campo de croquet de la Reina

Había un gran rosal de rosas blancas a la entrada del jardín. Tres jardineros estaban ocupados pintándolas de rojo. A Alicia esto le pareció muy extraño y se acercó a ellos.

Al verla, todos se volvieron hacia ella y le hicieron una profunda reverencia.

—¿Podrían decirme, por favor, **por qué están pintando estas rosas?** —les preguntó Alicia.

Se miraron los unos a los otros. Uno dijo con voz temblorosa:

—Pues verá usted, este tenía que haber sido un **rosal rojo**. Plantamos uno blanco por equivocación y, si la Reina lo descubre, nos cortarán a todos la cabeza. Así que, ya ve, antes de que ella llegue...

En ese momento, el otro gritó: «¡La Reina! ¡La Reina!»,
y los tres jardineros se echaron al suelo.

Aparecieron diez soldados, enarbolando *tréboles*. Como los jardineros, eran planos y tenían los brazos en las esquinas. Les seguían diez caballeros adornados con *diamantes*, y detrás, diez infantes reales, adornados con *corazones*. Todos desfilaban de dos en dos. Seguían los invitados, casi todos reyes y reinas, y entre ellos estaba el Conejo Blanco. Iba a continuación la Jota de Corazones, llevando la corona del Rey sobre un cojín de terciopelo rojo. Y al final del desfile avanzaban **¡EL REY Y LA REINA DE CORAZONES!**

Cuando llegaron al lado de Alicia, la Reina preguntó a la Jota de Corazones:

¿Quién es esta?

La Jota no respondió, tan solo se inclinó y sonrió.

—¡Idiota! —replicó la Reina—. ¿Cómo te llamas, niña?

—*Alicia*, para servir a Su Majestad —respondió ella.

—¿Quiénes son estos? —interrogó la Reina a la Jota, señalando a los jardineros—. ¡Dales la vuelta!

Y así lo hizo la Jota. Cuando la Reina vio que se trataba de jardineros y descubrió lo que estaban haciendo, se enfureció aún más, y gritó:

—*¡Que les cooorten la cabeza!*

El desfile se puso de nuevo en marcha. Alicia escondió a los jardineros en una gran maceta, y los soldados, al no hallarlos, se marcharon tranquilamente tras el cortejo.

—*¿Sabes jugar al croquet?* —preguntó la Reina a Alicia.

—¡Sí! —contestó Alicia.

—¡Pues andando! —chilló la Reina.

Y Alicia se encontró caminando al lado del Conejo Blanco.

—¿Dónde está la Duquesa? —le preguntó.

—¡Chissst! —murmuró el Conejo. —Ha sido condenada a muerte.

—¿Por qué? —quiso saber ella.

—Le dio un bofetón a la Reina —explicó el Conejo, y a Alicia le dio un ataque de risa—. ¡Chissst! ¡Va a oírte la Reina! Lo que ocurrió…

—¡Todos a sus sitios! —gritó la Reina con voz de trueno.

Y todos empezaron a correr en todas direcciones. Era el campo de croquet más raro que Alicia había visto en su vida. Las bolas eran erizos, las mazas, flamencos, y los soldados hacían de aros poniéndose a cuatro patas.

La partida era realmente difícil. Cuando no torcía el cuello el flamenco para mirarla, era el erizo el que se había desenroscado y se alejaba arrastrándose. Además, los soldados no dejaban de incorporarse y largarse a otro lugar del campo.

Todos jugaban a la vez, sin esperar turno, discutiendo sin cesar y disputándose los erizos. Al poco rato, la Reina estaba como un volcán a punto de entrar en erupción y andaba de un lado a otro dando patadas en el suelo y gritando a cada momento: «¡Que le cooorten la cabeza!». Alicia temía que de un momento a otro ordenara que se la cortasen a ella. Buscaba una forma de escapar cuando advirtió una extraña aparición en el aire. Después de observarla, descubrió que se trataba de una sonrisa, y se dijo:

—Es el Gato de Cheshire. Ahora tendré con quién hablar.

—¿Qué tal estás? —le dijo el Gato cuando le apareció el hocico para poder hablar.

En cuanto emergieron las orejas, Alicia le contó todo lo que sucedía.

—¿Qué te parece la Reina? —le preguntó el Gato.

—No me gusta nada. Es tan exagerada… —en ese momento se percató de que la Reina estaba detrás de ella y siguió— …tan exageradamente buena jugando, que no vale la pena acabar la partida.

La Reina sonrió y siguió su camino.

—¿Con quién estás hablando? —le preguntó el Rey a Alicia.

—Es un amigo mío, un Gato de Cheshire —dijo Alicia.

—No me gusta nada su aspecto —aseguró el Rey—. Pero puede besar mi mano si así lo desea.

—Prefiero no hacerlo —confesó el Gato.

—No seas impertinente —dijo el Rey—, ¡y no me mires de esa manera! Hay que eliminarlo. Y llamó a la Reina: —¡Querida! ¡Me gustaría que eliminaras a este gato!

—¡Que le cooorten la cabeza! —ordenó ella, sin molestarse ni a mirarlo.

—Voy a buscar yo mismo al verdugo —dijo el rey, y se marchó corriendo.

Alicia fue a ver cómo seguía la **partida**, que resultó ser un **lío descomunal**. La Reina, furiosa a más no poder, ordenaba cortarle la cabeza a casi todo el mundo, los aros se habían ido al otro extremo del campo y **todos se peleaban** unos con otros. Así que volvió junto al Gato de Cheshire.

Allí había un montón de gente discutiendo acerca de si se podía cortar una cabeza que no tenía cuerpo. Decidieron ir a buscar a la Duquesa a la cárcel, puesto que se trataba de su gato, pero cuando esta llegó, la cabeza del Gato se había esfumado totalmente. El Rey y el verdugo empezaron a buscarlo, mientras el resto del grupo retomaba a la **partida de croquet.**

La historia de la Falsa Tortuga

−¡No sabes lo contenta que estoy de
volver a verte, querida mía!
−dijo la Duquesa, mientras agarraba a Alicia cariñosamente
del brazo y se la llevaba de paseo.

Alicia se alegró de encontrarla de tan buen humor, y pensó que quizá fuera solo la pimienta
lo que la tenía hecha una furia cuando se conocieron en la cocina. «Tal vez la pimienta
pone a la gente de mal humor −reflexionó− y el vinagre hace agrias a las personas…
y la manzanilla las hace amargas… y… las golosinas hacen que los niños sean dulces».

−¿En qué estás pensando, querida? −dijo la Duquesa, sobresaltando a Alicia−. No puedo decirte ahora
la moraleja de esto, pero la recordaré en seguida.

Alicia no soportaba tener tan cerca a la Duquesa, porque era muy fea y, además, porque le apoyaba
la barbilla, puntiaguda como una aguja, en el hombro. Pero, para no ser maleducada, se aguantó.

−Debe de extrañarte que no te pase el brazo por la cintura −dijo la Duquesa−. Pero es que tengo mis
dudas sobre el carácter de tu flamenco. ¿Quieres que lo intente a ver qué sucede?

−A lo mejor le da un picotazo −replicó Alicia.

−Es verdad −reconoció la Duquesa−. Los flamencos y la mostaza pican. Y la moraleja de
esto es: «Pájaros de igual plumaje hacen buen maridaje».

—Pero la mostaza no es un pájaro.

—Tienes toda la razón, querida –dijo la Duquesa–. ¡Con qué claridad te explicas!

—Es un vegetal, ahora me acuerdo –continuó Alicia, sin prestar atención al parloteo de la Duquesa–. Y la moraleja de esto es…

Para sorpresa de Alicia, la voz de la Duquesa se convirtió en un susurro, precisamente en medio de su palabra favorita, «moraleja», y empezó a temblar como una hoja. La niña levantó los ojos y vio que la Reina estaba delante de ellas, con **los brazos cruzados y el ceño fruncido.**

—¡Hermoso día, Majestad! –empezó a decir la Duquesa en voz baja y asustada.

—Las cosas claras –rugió la Reina, dando una patada en el suelo–: ¡O tú o tu cabeza tenéis que desaparecer del mapa! ¡Y en menos que canta un gallo! ¡Elige!

La Duquesa eligió, y desapareció como un relámpago.

—**Y ahora volvamos al juego** –le dijo la Reina a Alicia.

Alicia estaba demasiado asustada para hablar, pero siguió a la Reina hacia el campo de croquet.

Los invitados, aprovechando la ausencia de la Reina, se habían tumbado a la sombra, pero al verla aparecer volvieron rápidamente al juego.

Todo el tiempo que estuvieron jugando, la Reina no dejó de pelearse con los otros jugadores, gritando a cada momento: **«¡Que le cooorten la cabeza!»**. Los condenados quedaban bajo la vigilancia de los soldados, que para ello tenían que dejar de hacer de aros en el campo, de modo que al cabo de media hora no quedaba ni uno solo, y todos los jugadores, excepto el Rey, estaban arrestados y sentenciados a muerte.

La Reina abandonó entonces la partida, casi sin aliento, y le preguntó a Alicia:

—**¿Has visto ya a la Falsa Tortuga?**

—No –dijo Alicia–. Ni siquiera sé lo que es una falsa tortuga.

—¿Nunca has comido **sopa de tortuga?** Pues hay otra sopa que parece de tortuga pero que no es de auténtica tortuga. La Falsa Tortuga sirve para hacer esa sopa.

—Nunca he visto ninguna, ni he oído hablar de ella —repuso Alicia.

—¡Andando, pues! —dijo la Reina—. La Falsa Tortuga te contará su historia.

Mientras se alejaban, Alicia oyó que el Rey decía en voz baja a los condenados: «**Quedáis todos perdonados**». «¡Eso está bien!», se dijo Alicia.

Al poco rato, llegaron junto a **un Grifo**, dormido al sol.

—¡Arriba, perezoso! —ordenó la Reina—. Acompaña a esta muchacha a ver a la Falsa Tortuga y a que oiga su historia. Yo tengo que vigilar unas ejecuciones.

Y se alejó. El Grifo se incorporó, abrió los ojos y soltó una carcajada.

—¡Tiene gracia! —comentó—. Nunca ejecutan a nadie, ¿sabes? ¡Vamos!

No habían andado mucho cuando vieron a lo lejos a la Falsa Tortuga, sentada triste y sola sobre una roca, suspirando como si se le partiera el corazón.

—¿Qué desgracia le ha sucedido? —preguntó.

—Todo son fantasías suyas —respondió el Grifo—. En realidad, no le ha pasado nada. ¡Vamos!

Cuando llegaron junto a la Falsa Tortuga, que los miró con sus grandes ojos llenos de lágrimas, dijo el Grifo:

—Esta niña quiere conocer tu historia.

—De acuerdo, voy a contársela. Sentaos y no abráis la boca hasta que termine.

Se sentaron y, tras un largo silencio, la Falsa Tortuga empezó su narración.

—Hubo un tiempo —dijo suspirando— en que yo era una tortuga de verdad.

Calló y sollozó durante tanto rato que Alicia empezó a impacientarse, pero finalmente continuó:

—Cuando éramos pequeñas, íbamos a la escuela del mar. El maestro era una vieja tortuga a la que llamábamos Galápago. Aprendíamos Francés, Música, Lavado, Histeria, Patín y Riego. También Mareografía y Dibujo. Teníamos diez horas de clase el primer día. Luego, el segundo, nueve, y así sucesivamente.

—Me parece un horario muy extraño —observó la niña.

—Por eso se llamaban cursillos, porque se acortaban de día en día.

Alicia se quedó un poco pensativa, y luego dijo:

—Entonces, el día once, sería fiesta, claro.

—Naturalmente que sí —respondió la Falsa Tortuga.

—¿Y el día doce?

—Basta ya de cursillos —ordenó el Grifo en tono autoritario—. Cuéntale ahora algo sobre los juegos.

El baile del Bogavante

La Falsa Tortuga suspiró y se enjugó una lágrima. Sollozando, miró a Alicia durante un rato.

—Se te ha atragantado un hueso, parece —dijo el Grifo dándole golpes en el caparazón.

Al final, la tortuga siguió hablando mientras las lágrimas le resbalaban por la cara.

—Seguro que no has vivido nunca en el fondo del mar, y jamás te has topado con un bogavante...

Alicia estuvo a punto de decir «una vez comí...», pero se calló a tiempo para que nadie se ofendiera.

—No, jamás de los jamases —respondió.

—Pues entonces, ¡no tienes ni idea de cómo mola el Baile del Bogavante!

—Lo cierto es que no —reconoció Alicia—. ¿Qué clase de baile es ese?

—Verás —dijo el Grifo—, primero se forma una línea a lo largo de la playa...

—¡Dos líneas! —gritó la Falsa Tortuga—. Focas, tortugas y demás. Se quitan todas las medusas de en medio...

—Algo que, por lo general, lleva bastante tiempo —interrumpió el Grifo.

—... se dan dos pasos al frente...

—¡Cada uno con un bogavante de pareja! —añadió el Grifo.

—Claro —dijo la Falsa Tortuga—. Se dan dos pasos al frente, se forman parejas...

—... se cambia de bogavante, y se retrocede en el mismo orden —siguió el Grifo.

—Entonces —dijo la Tortuga— se lanzan los...

—¡Los bogavantes! —exclamó el Grifo con entusiasmo y dando saltos.

—... lo más lejos que se pueda en el mar...

–¡Y a nadar tras ellos! —siguió el Grifo.

—¡Se da un salto mortal en el agua! —chilló la Falsa Tortuga dando palmadas con entusiasmo.

—¡Se cambia otra vez de bogavante! —completó el Grifo.

—Se vuelve a la playa, y... aquí termina la primera figura —dijo la Falsa Tortuga, bajando la voz de repente.

Y las dos criaturas, que habían estado saltando como monos durante toda la explicación, se volvieron a sentar, muy tristes, contemplando a Alicia.

—Debe de ser un baile precioso —dijo ella con timidez.

–¿Te gustaría ver cómo se baila? —propuso la Tortuga.

—Claro, me encantaría —dijo Alicia.

—¡Vamos a intentarlo! —le dijo la Falsa Tortuga al Grifo—. Podemos hacerlo sin bogavantes. ¿Quién va a cantar?

—Tú. Yo he olvidado la letra —dijo el Grifo.

Muy serios, empezaron a bailar alrededor de Alicia, dándole un pisotón cuando se acercaban y llevando el compás con las patas delanteras. La Falsa Tortuga iba cantando despacito:

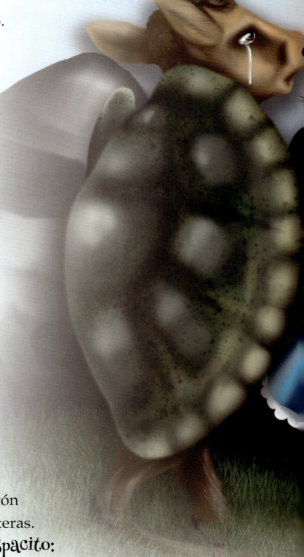

-¿Por qué no te mueves más aprisa?
-le preguntó una pescadilla a un caracol-.
Nos persigue un delfín
que está pisoteándome la cola.

¡Con qué entusiasmo avanzan
los bogavantes y las tortugas!
Nos esperan en la playa...
¿Te apuntas a la fiesta?
¡Venga! ¡Baila y déjate llevar!

¡Venga, baila, venga, baila,
venga, baila y déjate llevar!
¡Venga, baila, venga, baila,
venga, baila y déjate llevar!

¡No te puedes imaginar
qué divertida es la fiesta
cuando nos lanzamos al mar
nadando tras los bogavantes!
Pero el caracol respondía siempre:

-¡Demasiado lejos, demasiado lejos!
-y ni siquiera se dignaba a mirar
más allá de sus cuernos.
No quería bailar, no quería bailar,
no quería bailar...

—¡Fantástico! Es un baile muy interesante —dijo Alicia, aliviada al ver que por fin el baile había terminado—. ¡Y me ha gustado mucho esta **canción de la pescadilla**!

—Oh, respecto a la pescadilla... —dijo la Falsa Tortuga—. Las pescadillas son... Bueno, supongo que tú ya habrás visto alguna.

—Sí, —respondió Alicia—, las he visto a menudo en el pla...

Pero se contuvo a tiempo y se calló.

—No sé qué es eso del pla —comentó la Falsa Tortuga—, pero, si las has visto tan a menudo, sabrás cómo son, naturalmente.

—Creo que sí —respondió Alicia pensativa—. Llevan la cola dentro de la boca y van cubiertas de pan rallado.

—Te equivocas en lo del pan —dijo la Falsa Tortuga—. En el mar el pan rallado desaparecería en seguida. Pero sí llevan la cola dentro de la boca, porque... —Al llegar a este punto, la Falsa Tortuga bostezó y cerró los ojos—. Cuéntale tú por qué —añadió, dirigiéndose al Grifo.

—Bueno —dijo este—, las pescadillas quieren bailar con los bogavantes. Por lo tanto, los arrojan al mar. Y unos y otros tienen que ir a caer lo más lejos posible. Por eso se agarran bien las colas con la boca, tanto que luego no pueden volver a sacarlas. Eso es todo.

—Gracias —dijo Alicia—. Es muy interesante. Nunca había sabido tantas cosas sobre las pescadillas.

—Y ahora —dijo el Grifo—, cuéntanos tú tus aventuras.

—Puedo contaros mis aventuras... a partir de esta mañana —dijo tímidamente Alicia, y empezó a narrarles lo que le había sucedido desde que vio por primera vez al Conejo Blanco.

Al principio estaba algo nerviosa, puesto que las dos criaturas se pegaron a ella, una a cada lado, con los ojos como platos y la boca abierta, pero se fue animando a medida que avanzaba en el relato. Al llegar a la canción que le había salido tan distinta de cómo era en realidad, la Falsa Tortuga suspiró.

—Todo eso me parece muy extraño —dijo—. Pues sí que te salió mal... Recita algo ahora.

—Recita «Es la voz del perezoso...» —le instó el Grifo.

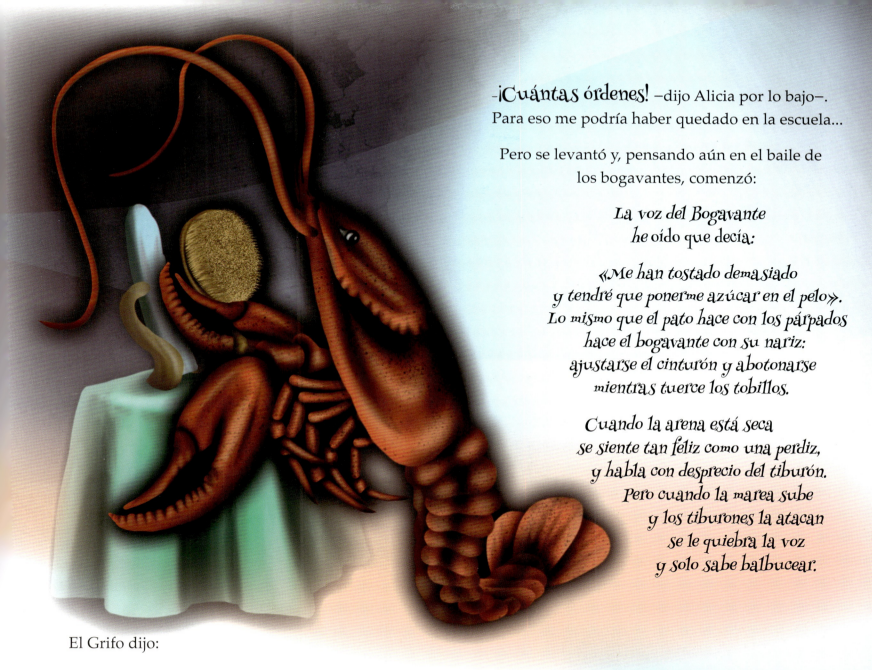

—¡Cuántas órdenes! —dijo Alicia por lo bajo—. Para eso me podría haber quedado en la escuela...

Pero se levantó y, pensando aún en el baile de los bogavantes, comenzó:

La voz del Bogavante
he oído que decía:

«Me han tostado demasiado
y tendré que ponerme azúcar en el pelo».
Lo mismo que el pato hace con los párpados
hace el bogavante con su nariz:
ajustarse el cinturón y abotonarse
mientras tuerce los tobillos.

Cuando la arena está seca
se siente tan feliz como una perdiz,
y habla con desprecio del tiburón.
Pero cuando la marea sube
y los tiburones la atacan
se le quiebra la voz
y solo sabe balbucear.

El Grifo dijo:

—No era así cuando yo era niño. Resulta distinto.

—Puede ser, aunque yo no había oído nunca este poema —dijo la Falsa Tortuga—. Pero parece una tontería.

—Sigue con la segunda estrofa —ordenó el Grifo.

Alicia se tapó la cara con las manos, pensando que **allí nada sucedía de manera normal**. Se moría de ganas de cambiar de conversación:

–¿Podría la Tortuga cantar otra canción? Por favor.

–¡Guay! –exclamó el Grifo–. ¿Quieres cantarle «Sopa de tortuga»?

La Falsa Tortuga suspiró y, entre sollozos, empezó a cantar:

Sabrosa sopa, en la sopera,
tan verde y rica, nos espera.
Es exquisita, es deliciosa.
¡Sopa para cenar, sabrosa sopa!
¡Sabrooosa soooopa!
¡Sabrooosa soooopa!
¡Sooopa para ceeeenar!
¡Sabrosa, sabrosa sopa!

–¡Canta la segunda estrofa! –pidió el Grifo.

La Tortuga volvía a cantar, cuando se oyó a lo lejos un grito:

–¡Se abre el juicio!

–¡Vamos! –gritó el Grifo. Y, agarrando a Alicia de la mano, echó a correr sin esperar el final de la canción.

Mientras corrían, les llegaban, cada vez más débiles, llevadas por la brisa, las melancólicas estrofas:

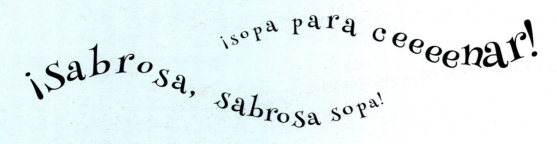

¿Quién robó las tartas?

Cuando llegaron, el Rey y la Reina de Corazones estaban sentados en sus tronos, y había muchas criaturas a su alrededor: toda clase de animales, así como la baraja de cartas completa.

La Jota estaba de pie ante ellos, encadenada a una gran bola de acero. Junto al Rey estaba el Conejo Blanco, con una trompeta en una mano y un rollo de pergamino en la otra. En la sala había una gran **bandeja con tartas**: tenían tan buen aspecto que a Alicia se le hizo la boca agua al verlas. «¡Ojalá el juicio termine pronto –pensó– y repartan la merienda!». Pero no parecía haber muchas posibilidades de que así fuera, y Alicia se puso a mirar lo que ocurría a su alrededor, para matar el tiempo.

El juez, por cierto, era el Rey, y como llevaba la corona encima de la peluca, se le veía muy incómodo, y desde luego no tenía buen aspecto.

En el estrado del jurado, los animales estaban escribiendo a todo correr en unas pizarras.

—¿Qué están haciendo? —le susurró Alicia al Grifo—. No pueden
tener nada que anotar aún, el juicio no ha empezado.

—Están escribiendo sus nombres —respondió en voz baja el Grifo—,
no sea que se les olviden antes de que termine el juicio.

—¡Bichejos estúpidos! —exclamó Alicia en voz alta e indignada.

Pero se detuvo rápidamente al oír que el Conejo Blanco gritaba: «¡Silencio en la sala!»,
y el Rey se ponía las gafas y miraba a su alrededor para ver quién había hablado.

Alicia vio que los miembros del jurado estaban escribiendo «¡bichejos estúpidos!»
en sus pizarras. Uno no sabía cómo se escribía «bichejo», y se lo preguntó a su vecino.

Otro miembro del jurado tenía una tiza que chirriaba. Como no podía soportar el ruido,
Alicia dio la vuelta a la sala, se puso tras él (era Bill, la lagartija) y se la quitó sin que se diera cuenta,
con lo que se vio obligado a escribir con el dedo. Y, claro, no escribía nada de nada.

—¡Pregonero, lee la acusación! —exclamó el Rey.

Entonces el Conejo Blanco tocó la trompeta, a continuación
desenrolló el pergamino y leyó:

La Reina de Corazones cocinó varias tartas
un día soleado de verano.
La Jota de Corazones robó esas tartas
y las ocultó en un lugar remoto.

—¿Cuál es vuestro veredicto? —preguntó el Rey al jurado.

—¡Todavía no, todavía no! —le interrumpió el Conejo—. ¡Antes hay un montón de cosas que debemos hacer!

—Pues llama al primer testigo —respondió el Rey.

El Conejo tocó la trompeta y gritó:

—¡Primer testigo!

Era el Sombrerero. Entró con una taza de té en una mano y un pastelito en la otra.

—Os ruego me perdonéis, Majestad –empezó–, por traer aquí estas cosas, pero no había terminado de merendar cuando fui convocado a este juicio.

—¡Muy mal! –dijo el Rey enfadado–. ¿Cuándo empezaste?

El Sombrerero miró a la Liebre de Marzo, que, del brazo del Lirón, lo había seguido hasta allí.

—Me parece que fue el catorce de marzo.

—El quince –rectificó la Liebre de Marzo.

—El dieciséis –añadió el Lirón.

Y los miembros del jurado escribieron las tres fechas en sus pizarras, sumaron las tres cifras y pasaron el resultado a unidades y decenas.

—Quítate tu sombrero –ordenó el Rey al Sombrerero.

—No es mío, Majestad –dijo el Sombrerero.

—¡Ha robado el sombrero! –exclamó el Rey, y los jurados lo anotaron de inmediato.

—Lo tengo a la venta. Soy sombrerero –dijo este.

Llegados a este punto, el Rey se puso las gafas y empezó a examinar muy seriamente al Sombrerero, que se puso blanco como el papel y se echó a temblar.

—Di lo que tengas que declarar –exigió el Rey–, y no tiembles como un flan, o te hago ejecutar en el acto.

Esto no animó al testigo, que se movía inquieto, mirando a la Reina, y tan desconcertado que le dio un mordisco a la taza de té creyendo que era el pastelito.

En ese momento, Alicia se dio cuenta de que volvía a empezar a crecer.

—Haz el favor de no empujar tanto –dijo el Lirón, que estaba sentado a su lado–. Apenas puedo respirar.

—No puedo evitarlo, **estoy creciendo** –contestó Alicia tímidamente.

—No tienes derecho a crecer aquí –replicó el Lirón mosqueado.

—¡No diga tonterías! –manifestó Alicia con más decisión–. Usted también crece.

—Pero yo lo hago a un ritmo razonable –dijo el Lirón, que a continuación se levantó y fue a sentarse al otro extremo de la sala.

La Reina no le había quitado la vista de encima al Sombrerero en todo el rato, y en ese momento ordenó a uno de sus ayudantes:

—¡Tráeme la lista de los recitadores del último concierto!

Esto hizo que el Sombrerero se pusiera a temblar de tal modo que **los zapatos se le salieron de los pies.**

—Di lo que tengas que declarar –repitió el Rey muy enfadado–, o te hago ejecutar ahora mismo, estés nervioso o no lo estés.

—Soy un pobre hombre, Majestad... –empezó el Sombrerero en voz temblorosa– y no había empezado aún a merendar... Entonces, la Liebre de Marzo dijo...

—**¡Yo no dije eso!** –le interrumpió la Liebre de Marzo.

—**¡Lo dijiste!** –gritó el Sombrerero.

—¡Lo niego! —dijo la Liebre de Marzo.

—Lo niega —dijo el Rey—. Tachad esa parte.

—Bueno, en cualquier caso, el Lirón dijo... —siguió el Sombrerero, y miró a ver si el Lirón también lo negaba, pero este estaba profundamente dormido—. Después de esto...

—¿Pero qué dijo el Lirón? —preguntó uno de los miembros del jurado.

—De eso no puedo acordarme —respondió el Sombrerero.

—Tienes que acordarte —exclamó el Rey—, o haré que te ejecuten.

El desdichado Sombrerero dejó caer la taza de té y el pastelito, y se arrodilló.

—Soy un pobre hombre, Majestad —suplicó.

—Si esto es todo lo que sabes del caso, ya puedes bajar del estrado —dijo el Rey.

—No puedo bajar porque ya estoy en el suelo —contestó el Sombrerero.

—Entonces puedes sentarte —replicó el Rey.

—Preferiría terminar de merendar —dijo el Sombrerero, mirando inquieto a la Reina, que estaba leyendo la lista de recitadores.

—Puedes irte —dijo el Rey. Y el Sombrerero recogió su merienda y salió zumbando de la sala, sin acordarse de ponerse de nuevo los zapatos.

—Y al salir que le cooorten la cabeza —añadió la Reina, dirigiéndose a uno de sus ayudantes.

Pero el Sombrerero ya se había esfumado antes de que el ayudante llegara a la puerta de la sala.

—¡Llama al siguiente testigo! —dijo el Rey.

El siguiente testigo era la cocinera de la Duquesa. Llevaba el bote de pimienta en la mano, y Alicia supo que era ella antes de que entrara en la sala, por cómo la gente que estaba cerca de la puerta empezó a estornudar.

—Di lo que tengas que declarar —ordenó el Rey.

—¡De eso nada! —replicó la Cocinera.

El Rey miró con ansiedad al Conejo Blanco, el cual dijo en voz baja:

—Su Majestad debe examinar al testigo.

—Bueno, si no hay más remedio, lo haré —dijo el Rey, y, después de mirar un rato a la Cocinera con aire amenazador, le preguntó:

—¿De qué se hacen las tartas?

—Sobre todo de pimienta —respondió la Cocinera.

—¡Miel! —dijo a sus espaldas una voz soñolienta.

—Atrapad a ese Lirón —chilló la Reina—. ¡Cortadle la cabeza! ¡Echadle de la sala! ¡Pellizcadle! ¡Afeitadle los bigotes!

Durante unos minutos hubo una gran confusión. Cuando todos volvieron a ocupar sus puestos, la Cocinera había desaparecido.

—¡No importa! —dijo el Rey aliviado—. Llama al siguiente testigo.

El Conejo Blanco, para sorpresa de la niña, levantando la voz, leyó su nombre:

—¡Alicia!

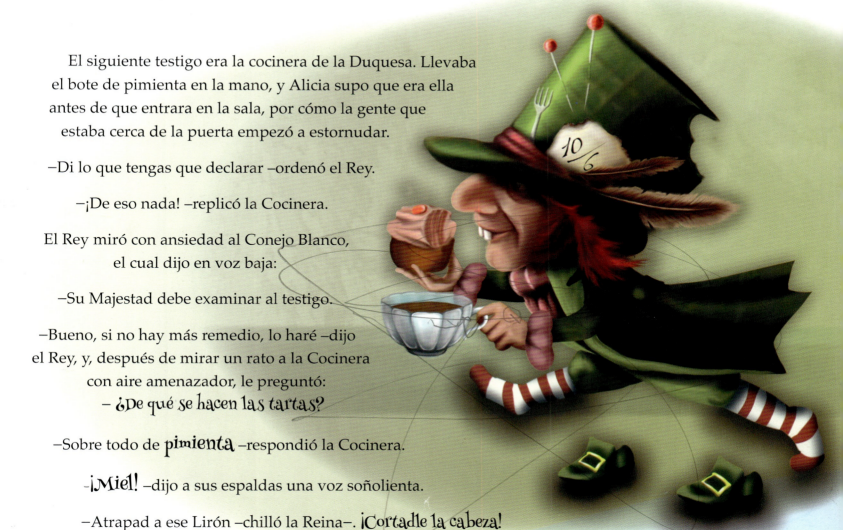

La declaración de Alicia

—¡Estoy aquí! —gritó Alicia. Y, olvidando que había crecido mucho en pocos minutos, se puso de pie con tanta prisa que golpeó con el borde de su falda el estrado de los jurados, y estos volaron por los aires.

—¡Oh, les ruego que me perdonen! —exclamó la niña angustiada, y empezó a levantarlos a toda prisa.

—El juicio no puede seguir —dijo el Rey con voz grave— hasta que todos los miembros del jurado hayan ocupado debidamente sus puestos... ¡Debidamente! —repitió, fijando su severa mirada en Alicia.

La niña miró al estrado y vio que había colocado a la Lagartija cabeza abajo. Se apresuró a darle la vuelta.

Cuando todos los miembros del jurado hubieron encontrado sus pizarras y sus tizas, se pusieron a escribir. Todos menos la Lagartija, que era incapaz de hacer otra cosa que estar sentada allí con la boca abierta y mirando al techo.

—¿Qué sabes tú de este asunto? —interrogó el Rey a Alicia.

—Nada —dijo la niña.

—¿Nada de nada? —insistió el Rey.

—Nada de nada —repitió Alicia.

—Esto es algo realmente muy importante —dijo el Rey, dirigiéndose al jurado.

Y ellos empezaban a anotar esto en sus pizarras, cuando el Conejo Blanco dijo:

—Naturalmente, Su Majestad ha querido decir que no era nada nada importante —corrigió en tono muy respetuoso y haciéndole guiños al Rey mientras hablaba.

—Eso, eso es lo que he querido decir, naturalmente —se apresuró a repetir el Rey, y se puso a escribir algo en su libreta. Al rato, gritó: —¡Silencio! Artículo cuarenta y dos. Toda persona que mida más de un kilómetro tendrá que abandonar la sala.

Todos miraron a Alicia.

—Yo no mido un kilómetro —protestó ella.

—Sí lo mides —dijo el Rey.

—Mides casi dos kilómetros —añadió la Reina.

—Bueno, pues no pienso moverme de aquí —aseguró Alicia—. Y además este artículo no vale: se lo acaba de inventar.

El Rey palideció, y cerró a toda prisa su libreta de notas.

—¡Considerad vuestro veredicto! —ordenó al jurado.

—Faltan todavía muchas pruebas, con la venia de Su Majestad —dijo el Conejo Blanco, levantándose—. Acaba de encontrarse este papel.

—¿Qué dice este papel? —preguntó la Reina.

—Todavía no lo he leído —contestó el Conejo—, pero parece ser una carta, escrita por el prisionero a... a alguien.

—¿A quién? —preguntó un miembro del jurado.

—A nadie. No lleva nada escrito en el exterior —aclaró el Conejo Blanco. Mientras hablaba, desdobló el papel—. Bueno, en realidad **son unos versos**.

—¿Están escritos con la letra del acusado? —preguntó otro jurado.

—No, no lo están —dijo el Conejo Blanco—, y esto es lo más extraño de todo este asunto.

—Debe de haber imitado la letra de otra persona —replicó el Rey.

—Con la venia de Su Majestad —dijo la Jota—, yo no he escrito nada en este papel, y nadie puede probarlo, porque **no hay ninguna firma** al final del escrito.

—Si no lo has firmado —dijo el Rey—, aún es peor. Lo has escrito con malas intenciones, porque **las personas honradas firman sus escritos** con su nombre.

Todo el mundo aplaudió: era la primera cosa sensata que había dicho el Rey en todo el día.

—Esto prueba que es culpable, claro —dijo la Reina—. Por lo tanto, **¡que le cooorten...**

—¡Esto no prueba nada de nada! —protestó Alicia—. ¡Si ni siquiera sabemos lo que dice el papel!

—Léelo —ordenó el Rey al Conejo Blanco.

Y el Conejo leyó:

Me dijeron que fuiste a verla
y que a él le hablaste de mí:
a ella le gustó mi carácter
aunque a nadar no aprendí.

Él advirtió que yo no había ido
(bien sabemos que es verdad):
pero si ella insistiera,
¿qué te podría pasar?

Yo le di una a ella, ellos dos a él,
tú nos diste tres o más.
Él te las devolvió todas,
aunque eran mías tiempo atrás.

Si ella y yo tal vez nos vemos
mezclados en este lío,
él espera que tú los liberes
exactamente tal como éramos.

Me parece que tú fuiste
(antes del ataque que ella sufrió)
un obstáculo entre él, nosotros y esto.

No dejes que él sepa nunca
que ella los quería más,
pues debe ser un secreto
y entre tú y yo ha de quedar.

¿Qué son los palos de Croquet?

—¡Esta es la prueba más importante que hemos obtenido hasta el momento! —dijo el Rey, frotándose las manos—. Así pues, que el jurado proceda a...

—¡Vaya lío! —exclamó Alicia, que había crecido tanto que ya no tenía miedo a interrumpir al Rey—. Estos versos no tienen ni pies ni cabeza.

—Claro que tienen pies y cabeza —replicó el Rey—. Tú no sabes nadar, ¿verdad? —preguntó dirigiéndose a la Jota.

—¿Tengo aspecto de saber nadar? —dijo la Jota.

—Todo encaja —observó el Rey—. «Si ella insistiera...», tiene que ser la Reina... «Yo le di una a ella, ellos dos a él...»; eso debe ser lo que hizo él con las tartas...

—Pero después todas volvieron a usted —observó Alicia.

—¡Exacto! ¡Están aquí! —exclamó triunfalmente el Rey—. Está más claro que el agua. Y más adelante... Antes de que sufriera un ataque... Tú nunca sufres ataques, ¿verdad, querida? —le preguntó a la Reina.

—¡Nunca! —rugió ella furiosa, arrojando un tintero contra la pobre Lagartija.

—Entonces las palabras del verso no pueden atacarte a ti —sentenció el Rey, mirando a su alrededor con una sonrisa.

Se hizo un largo silencio.

—¡Es un juego de palabras! —tuvo que explicar el Rey, enojado.

Ahora todos rieron.

—¡Que el jurado considere su veredicto! —ordenó el Rey, por enésima vez aquel día.

—¡No! ¡No! —protestó la Reina—. Primero la sentencia.

—¡Valiente idiotez! —exclamó Alicia.

—¡Cállate! —gritó la Reina, roja como un tomate.

—¡No quiero! —contestó Alicia.

—¡Que le cooorten la cabeza! —chilló la Reina.

Nadie se movió.

—¿Quién os va a hacer caso? —dijo Alicia, que ya había crecido hasta su altura normal—. ¡No sois más que una baraja de cartas!

Al oír esto, la baraja se elevó por los aires y se lanzó en picado contra ella. Alicia dio un leve grito, e intentó sacársela de encima... Y se encontró tumbada en el prado, con la cabeza apoyada en la falda de su hermana.

—¡Despierta ya, Alicia! —le dijo esta—. ¡Has estado durmiendo como una marmota!

—¡Oh, he tenido un sueño tan extraño! —explicó Alicia.

Y le contó a su hermana las sorprendentes aventuras que acabas de vivir.

—Realmente, ha sido un sueño muy extraño. Ahora ve a merendar. Se está haciendo tarde.

Y Alicia se levantó y se alejó corriendo, mientras su hermana se quedaba allí sentada pensando en aquel maravilloso sueño. Cerró los ojos y pudo ver a todos los personajes que había nombrado la niña. Pero sabía que bastaba con abrirlos de nuevo para volver al mundo real. Pensó luego en cómo sería Alicia de mayor. La imaginó contando esta aventura del País de las Maravillas rodeada de niños que la escuchaban embobados. Y así, recordaría su propia infancia y los felices días del verano.

Alicia en el País de las Maravillas

Dirección editorial: María Fernanda Canal

Edición y guion contenido
multimedia: Mari Carmen Ramos y Marina Roig

Traducción y adaptación del original
de Lewis Carroll: ebc serveis editorials

Corrección y revisión de textos: Roser Pérez

Ilustración: Dark Fox (recreación de las ilustraciones originales de John Tenniel y Lewis Carroll)

Diseño: Lidia Estany para iScriptat

Maquetación, compaginación y preimpresión: iScriptat

Contenido multimedia: books2ar

Programador: Claudio Perisson

Diseñadores de nivel: Mari Carmen Ramos, Claudio Perisson y Marina Roig

Artista 3D: Alberto Corraliza

Música y audios: APM Music, Media Music Now y Voice Bunny

Primera edición
© 2017, Design Media Publishing (UK)
http://www.designmediauk.com
E-mail: info@designmediauk.com
© 2017, Parramón Paidotribo
http://www.parramon.com
E-mail: parramon@paidotribo.com

ISBN: 978-84-342-1385-2
IBIC: YBCS

Impreso en China

Derechos exclusivos de edición para todo el mundo

Prohibida la reproducción total o parcial de esta obra mediante cualquier medio o procedimiento, comprendidos la impresión, la reprografía, el microfilm, el tratamiento informático o cualquier otro sistema, sin permiso escrito de la editorial.

Cualquier forma de reproducción, distribución, comunicación pública o transformación de esta obra sólo puede ser realizada con la autorización de sus titulares, salvo excepción prevista por la ley. Diríjase a CEDRO (Centro Español de Derechos Reprográficos, www.cedro.org) si necesita fotocopiar o escanear algún fragmento de esta obra (www.conlicencia.com) 91 702 19 70 / 93 272 04 47.

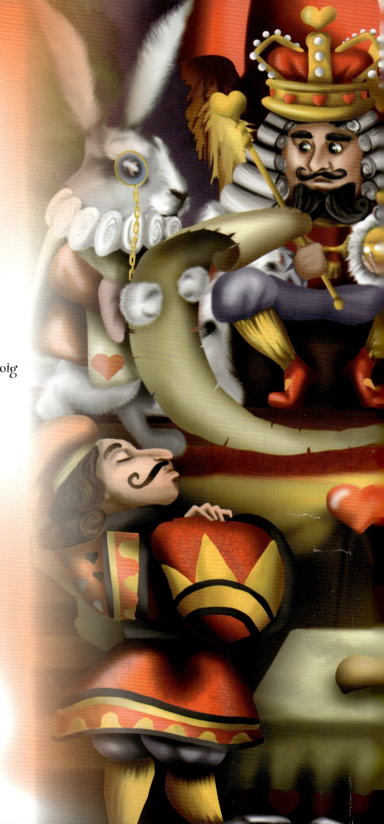